学前教育实习实训系列教材

学生教育见习手册

（三）

主审　王清风
主编　王　磊　陆珊珊

南京大学出版社

图书在版编目(CIP)数据

学生教育见习手册. 三 / 王磊，陆珊珊主编．—南京：南京大学出版社，2017.9(2020.1 重印)

学前教育实习实训系列教材

ISBN 978-7-305-19270-8

Ⅰ.①学… Ⅱ.①王… ②陆… Ⅲ.①学前教育—教育实习—高等职业教育—教材 Ⅳ.①G612

中国版本图书馆 CIP 数据核字(2017)第 219752 号

出版发行 南京大学出版社
社　　址 南京市汉口路 22 号　　**邮编** 210093
出 版 人 金鑫荣

丛 书 名 学前教育实习实训系列教材
书　　名 学生教育见习手册(三)
主　　编 王　磊　陆珊珊
责任编辑 丁　群　钱梦菊　　**编辑热线** 025-83596923

照　　排 南京凯建图文制作有限公司
印　　刷 南京京新印刷有限公司
开　　本 787×1092　1/16　**印　张** 4.75　**字　数** 72 千
版　　次 2017 年 9 月第 1 版　2020 年 1 月第 3 次印刷
ISBN 978-7-305-19270-8
定　　价 12.00 元

网　　址 http://www.njupco.com
官方微博 http://weibo.com/njupco
官方微信号 njupress
销售咨询热线 (025)83594756

目 录

见习生守则

1. 端正教育见习态度，认真完成各项见习任务。

2. 严格要求自己，遵守幼儿园的规章制度。见习期间的一切行为举止应符合幼儿园要求，包括作息时间、着装、言行举止等。

3. 见习期间原则上不准请假，如因病和突发事件，见习生必须经过学校指导教师、幼儿园指导教师和园长的批准，不经同意不能擅自离开见习幼儿园。请假一天及以上需经学校批准。

4. 见习期间处理好与幼儿园教师的关系。尊重幼儿园教师，主动向学校指导教师和幼儿园指导教师学习。

5. 见习期间处理好与幼儿、家长的关系。尊重家长，关心爱护幼儿。

6. 见习期间处理好与同学的关系，团结友爱，在见习中遇到问题，互助帮助。

优秀案例

见习指导

政策解读

个人见习计划

见习幼儿园			
见习班级		起始时间	
学校指导教师		幼儿园指导教师	
见习目标			
见习计划			

个人见习计划

见习幼儿园			
见习班级		起始时间	
学校指导教师		幼儿园指导教师	
见习目标			
见习计划			

幼儿一日生活作息时间表

时　间	活动内容	观察实录

备注：

1. 一日生活作息时间表：清晰记录幼儿在园生活各环节的时间、内容等。
2. 观察实录主要包括：幼儿一日生活活动内容、幼儿行为描述、教师指导要点等。

幼儿一日生活作息时间表

时　间	活动内容	观察实录

备注：

1. 一日生活作息时间表：清晰记录幼儿在园生活各环节的时间、内容等。
2. 观察实录主要包括：幼儿一日生活活动内容、幼儿行为描述、教师指导要点等。

幼儿园周计划记录表

本周工作重点					
星期 内容	星期一	星期二	星期三	星期四	星期五

幼儿园周计划记录表

<table>
<tr><td>本周工作重点</td><td colspan="5"></td></tr>
<tr><td>星期
内容</td><td>星期一</td><td>星期二</td><td>星期三</td><td>星期四</td><td>星期五</td></tr>
<tr><td></td><td></td><td></td><td></td><td></td><td></td></tr>
<tr><td></td><td></td><td></td><td></td><td></td><td></td></tr>
<tr><td></td><td></td><td></td><td></td><td></td><td></td></tr>
<tr><td></td><td></td><td></td><td></td><td></td><td></td></tr>
<tr><td></td><td></td><td></td><td></td><td></td><td></td></tr>
</table>

幼儿入园情况观察记录表

观察班级		观察日期		观察地点			
观察项目	行为表现	幼儿					
		1	2	3	4	5	6
幼儿	情绪状态是否良好						
	是否主动向教师、同伴问好						
	能否将衣服放在指定位置						
教师	能否亲切、热情地接待幼儿						
	能否与家长有效沟通交流						
分析与评价							

备注：请根据教师和幼儿表现“能”用“√”表示、“否”用“×”表示。

幼儿入园情况观察记录表

观察班级		观察日期		观察地点			
观察项目	行为表现	幼儿					
		1	2	3	4	5	6
幼儿	情绪状态是否良好						
	是否主动向教师、同伴问好						
	能否将衣服放在指定位置						
教师	能否亲切、热情地接待幼儿						
	能否与家长有效沟通交流						
分析与评价							

备注：请根据教师和幼儿表现“能”用“√”表示、“否”用“×”表示。

幼儿晨间锻炼观察记录表

<table>
<tr><td colspan="2">班级</td><td></td><td>人数</td><td></td><td>日期</td><td></td><td>备注说明</td></tr>
<tr><td rowspan="2">教师</td><td>基本素质</td><td colspan="5">精神饱满□ 尊重幼儿□
着装适合□ 动作协调□</td><td rowspan="2"></td></tr>
<tr><td>组织能力</td><td colspan="5">面向全体□ 关注差异□
安排适宜□ 互动有效□
材料丰富□ 环境安全□</td></tr>
<tr><td rowspan="3">幼儿</td><td>发展情况</td><td colspan="5">活动有序□ 动作到位□
主动参与□ 情绪愉悦□</td><td rowspan="3"></td></tr>
<tr><td rowspan="2">参与情况</td><td colspan="2">积极投入</td><td colspan="2">缺乏兴趣</td><td>不愿参加</td></tr>
<tr><td colspan="2">大部分□
小部分□
极个别□</td><td colspan="2">大部分□
小部分□
极个别□</td><td>大部分□
小部分□
极个别□</td></tr>
<tr><td>反思与建议</td><td colspan="7"></td></tr>
</table>

幼儿晨间锻炼观察记录表

<table>
<tr><td colspan="2">班级</td><td colspan="3">人数　　　　日期</td><td>备注说明</td></tr>
<tr><td rowspan="2">教师</td><td>基本素质</td><td colspan="3">精神饱满□　尊重幼儿□
着装适合□　动作协调□</td><td rowspan="2"></td></tr>
<tr><td>组织能力</td><td colspan="3">面向全体□　关注差异□
安排适宜□　互动有效□
材料丰富□　环境安全□</td></tr>
<tr><td rowspan="3">幼儿</td><td>发展情况</td><td colspan="3">活动有序□　动作到位□
主动参与□　情绪愉悦□</td><td rowspan="3"></td></tr>
<tr><td rowspan="2">参与情况</td><td>积极投入</td><td>缺乏兴趣</td><td>不愿参加</td></tr>
<tr><td>大部分□
小部分□
极个别□</td><td>大部分□
小部分□
极个别□</td><td>大部分□
小部分□
极个别□</td></tr>
<tr><td>反思与建议</td><td colspan="5"></td></tr>
</table>

幼儿园食谱记录与分析表

<table>
<tr><td rowspan="5">食谱记录</td><td>星期
项目</td><td>星期一</td><td>星期二</td><td>星期三</td><td>星期四</td><td>星期五</td></tr>
<tr><td>早　餐</td><td></td><td></td><td></td><td></td><td></td></tr>
<tr><td>午　餐</td><td></td><td></td><td></td><td></td><td></td></tr>
<tr><td>午　点</td><td></td><td></td><td></td><td></td><td></td></tr>
<tr><td>晚　餐</td><td></td><td></td><td></td><td></td><td></td></tr>
<tr><td>食谱分析</td><td colspan="6"></td></tr>
</table>

幼儿园食谱记录与分析表

	星期 项目	星期一	星期二	星期三	星期四	星期五
食谱记录	早　餐					
	午　餐					
	午　点					
	晚　餐					
食谱分析						

幼儿进餐观察记录分析表

班　级		人　数		日　期	
进餐类别	□早餐　□午餐　□晚餐				
观察内容	实　录			分析与评价	
进餐状况(情绪、食量、速度等)					
进餐习惯(挑食、主动添饭、边吃边聊、含饭等)					
餐后整理(主动擦嘴、主动收拾等)					
体弱、肥胖儿的特殊照料					
其　他					

幼儿进餐观察记录分析表

班　级		人　数		日　期	
进餐类别	□早餐　□午餐　□晚餐				
观察内容	实　录			分析与评价	
进餐状况(情绪、食量、速度等)					
进餐习惯(挑食、主动添饭、边吃边聊、含饭等)					
餐后整理(主动擦嘴、主动收拾等)					
体弱、肥胖儿的特殊照料					
其　他					

幼儿午睡观察记录表

班级		人数		日期	
内容	实录			分析与评价	
睡前准备					
入睡情况					
睡时看护					
特殊幼儿照料（入睡困难、多尿、尿床）					
其他					

幼儿午睡观察记录表

班　级		人　数		日　期	
内　容	实　录			分析与评价	
睡前准备					
入睡情况					
睡时看护					
特殊幼儿照料（入睡困难、多尿、尿床）					
其　他					

幼儿离园观察记录分析表

班级					人数		
日期	幼儿姓名	幼儿情绪状态			接送人	带回物品	与家长沟通情况
		好	中	差			
分析							

幼儿离园观察记录分析表

班级					人数		
日期	幼儿姓名	幼儿情绪状态			接送人	带回物品	与家长沟通情况
		好	中	差			
分析							

幼儿生活常规记录分析表

姓名		班级		性别		年龄		
项目	评价内容					等级		
						好	一般	差
洗手	1. 能认真洗手(挽袖、搓肥皂、手心手背搓洗、冲洗)							
	2. 不拥挤,不边玩边洗,节约用水							
	3. 认识自己的毛巾,用后能将毛巾挂回原位							
如厕	1. 知道按需如厕							
	2. 如厕习惯良好							
	3. 会整理衣裤,或主动请求帮助整理							
	4. 能便后洗手							
喝水	1. 知道按需喝水							
	2. 使用自己的口杯并能放回原位							
	3. 排队取水不拥挤							
	4. 知道正确的喝水方法							
用餐	1. 进餐习惯良好							
	2. 会自己使用餐具进餐							
	3. 吃饭不挑食							
	4. 餐后自己收拾餐具,摆放椅子,擦嘴							
午睡	1. 午睡前能有秩序如厕							
	2. 能安静进入寝室							
	3. 能按顺序脱鞋、衣、袜,并折叠放好							
	4. 可以安静入睡,不带玩具上床							
起床	1. 按时起床,不喧哗							
	2. 较迅速正确地进行穿戴							
	3. 被子、拖鞋摆放整齐							
	4. 有秩序地如厕、喝水							
分析与评价								

备注:幼儿能够独立自主完成为好;幼儿在教师的督促与帮助下完成为一般;幼儿不能完成为差。

幼儿生活常规记录分析表

姓名		班级		性别		年龄		
项目	评价内容					等级		
						好	一般	差
洗手	1. 能认真洗手(挽袖、搓肥皂、手心手背搓洗、冲洗)							
	2. 不拥挤,不边玩边洗,节约用水							
	3. 认识自己的毛巾,用后能将毛巾挂回原位							
如厕	1. 知道按需如厕							
	2. 如厕习惯良好							
	3. 会整理衣裤,或主动请求帮助整理							
	4. 能便后洗手							
喝水	1. 知道按需喝水							
	2. 使用自己的口杯并能放回原位							
	3. 排队取水不拥挤							
	4. 知道正确的喝水方法							
用餐	1. 进餐习惯良好							
	2. 会自己使用餐具进餐							
	3. 吃饭不挑食							
	4. 餐后自己收拾餐具,摆放椅子,擦嘴							
午睡	1. 午睡前能有秩序如厕							
	2. 能安静进入寝室							
	3. 能按顺序脱鞋、衣、袜,并折叠放好							
	4. 可以安静入睡,不带玩具上床							
起床	1. 按时起床,不喧哗							
	2. 较迅速正确地进行穿戴							
	3. 被子、拖鞋摆放整齐							
	4. 有秩序地如厕、喝水							
分析与评价								

备注:幼儿能够独立自主完成为好;幼儿在教师的督促与帮助下完成为一般;幼儿不能完成为差。

幼儿生活常规记录分析表

姓名		班级		性别		年龄		
项目	评价内容					等级		
						好	一般	差
洗手	1. 能认真洗手(挽袖、搓肥皂、手心手背搓洗、冲洗)							
	2. 不拥挤,不边玩边洗,节约用水							
	3. 认识自己的毛巾,用后能将毛巾挂回原位							
如厕	1. 知道按需如厕							
	2. 如厕习惯良好							
	3. 会整理衣裤,或主动请求帮助整理							
	4. 能便后洗手							
喝水	1. 知道按需喝水							
	2. 使用自己的口杯并能放回原位							
	3. 排队取水不拥挤							
	4. 知道正确的喝水方法							
用餐	1. 进餐习惯良好							
	2. 会自己使用餐具进餐							
	3. 吃饭不挑食							
	4. 餐后自己收拾餐具,摆放椅子,擦嘴							
午睡	1. 午睡前能有秩序如厕							
	2. 能安静进入寝室							
	3. 能按顺序脱鞋、衣、袜,并折叠放好							
	4. 可以安静入睡,不带玩具上床							
起床	1. 按时起床,不喧哗							
	2. 较迅速正确地进行穿戴							
	3. 被子、拖鞋摆放整齐							
	4. 有秩序地如厕、喝水							
分析与评价								

备注:幼儿能够独立自主完成为好;幼儿在教师的督促与帮助下完成为一般;幼儿不能完成为差。

幼儿生活常规记录分析表

姓名		班级		性别		年龄	
项目	评价内容					等级	
					好	一般	差
洗手	1. 能认真洗手(挽袖、搓肥皂、手心手背搓洗、冲洗)						
	2. 不拥挤,不边玩边洗,节约用水						
	3. 认识自己的毛巾,用后能将毛巾挂回原位						
如厕	1. 知道按需如厕						
	2. 如厕习惯良好						
	3. 会整理衣裤,或主动请求帮助整理						
	4. 能便后洗手						
喝水	1. 知道按需喝水						
	2. 使用自己的口杯并能放回原位						
	3. 排队取水不拥挤						
	4. 知道正确的喝水方法						
用餐	1. 进餐习惯良好						
	2. 会自己使用餐具进餐						
	3. 吃饭不挑食						
	4. 餐后自己收拾餐具,摆放椅子,擦嘴						
午睡	1. 午睡前能有秩序如厕						
	2. 能安静进入寝室						
	3. 能按顺序脱鞋、衣、袜,并折叠放好						
	4. 可以安静入睡,不带玩具上床						
起床	1. 按时起床,不喧哗						
	2. 较迅速正确地进行穿戴						
	3. 被子、拖鞋摆放整齐						
	4. 有秩序地如厕、喝水						
分析与评价							

备注:幼儿能够独立自主完成为好;幼儿在教师的督促与帮助下完成为一般;幼儿不能完成为差。

幼儿行为观察记录表

<table>
<tr><td>观察时间</td><td colspan="3">—</td><td>观察者</td><td colspan="3"></td></tr>
<tr><td>观察场景</td><td colspan="7"></td></tr>
<tr><td>观察对象</td><td colspan="3"></td><td>性别</td><td></td><td>年龄</td><td></td></tr>
<tr><td>观察内容</td><td colspan="7">□注意 □感知觉 □记忆
□想象 □思维 □语言
□情绪情感 □意志 □社会性
□动作发展</td></tr>
<tr><td>行为主题</td><td colspan="7"></td></tr>
<tr><td>行为表现</td><td colspan="7"></td></tr>
</table>

续 表

行为分析	
建议	

幼儿行为观察记录表

<table>
<tr><td>观察时间</td><td>—</td><td>观察者</td><td colspan="3"></td></tr>
<tr><td>观察场景</td><td colspan="5"></td></tr>
<tr><td>观察对象</td><td></td><td>性别</td><td></td><td>年龄</td><td></td></tr>
<tr><td>观察内容</td><td colspan="5">□注意　□感知觉　□记忆
□想象　□思维　□语言
□情绪情感　□意志　□社会性
□动作发展</td></tr>
<tr><td>行为主题</td><td colspan="5"></td></tr>
<tr><td>行为表现</td><td colspan="5"></td></tr>
</table>

续 表

行为分析	
建议	

幼儿园班级环境创设分析与评价表

项　目	目标要求	好	较好	一般
墙　壁	1. 与幼儿园课程目标内容紧密结合			
	2. 幼儿参与性强			
	3. 及时更换,体现季节特点等			
	4. 用材创新,布置美观,有特色			
	5. 高低适宜,内容符合幼儿年龄特点			
活动区域	1. 结合幼儿园课程内容设置区域			
	2. 提供丰富,可操作的材料,并根据课程内容投放新材料			
	3. 材料投放体现层次性			
	4. 充分利用废旧物品			
	5. 有活动区标记			
	6. 充分利用环境条件设置角色游戏区			
	7. 角色游戏环境创设体现幼儿主题			
自然角	1. 内容丰富,包括动物、植物等多种样品			
	2. 体现幼儿的参与性			
	3. 摆放合理美观,符合认识特点,季节性强			
	4. 有幼儿观察记录			
	5. 经常管理			
作品展示区	1. 有作品展示区(可结合墙饰),布置美观			
	2. 作品展示面广			
	3. 作品更换及时			
家园联系栏	1. 设计布置美观、新颖			
	2. 保教内容丰富,每月更换一次			
	3. 按时公布月、周目标及教育内容			
整体感觉	充分利用空间,合理、合适、美观、有创意			
分析与评价				

幼儿园班级环境创设分析与评价表

项　目	目标要求	好	较好	一般
墙　壁	1. 与幼儿园课程目标内容紧密结合			
	2. 幼儿参与性强			
	3. 及时更换,体现季节特点等			
	4. 用材创新,布置美观,有特色			
	5. 高低适宜,内容符合幼儿年龄特点			
活动区域	1. 结合幼儿园课程内容设置区域			
	2. 提供丰富,可操作的材料,并根据课程内容投放新材料			
	3. 材料投放体现层次性			
	4. 充分利用废旧物品			
	5. 有活动区标记			
	6. 充分利用环境条件设置角色游戏区			
	7. 角色游戏环境创设体现幼儿主题			
自然角	1. 内容丰富,包括动物、植物等多种样品			
	2. 体现幼儿的参与性			
	3. 摆放合理美观,符合认识特点,季节性强			
	4. 有幼儿观察记录			
	5. 经常管理			
作品展示区	1. 有作品展示区(可结合墙饰),布置美观			
	2. 作品展示面广			
	3. 作品更换及时			
家园联系栏	1. 设计布置美观、新颖			
	2. 保教内容丰富,每月更换一次			
	3. 按时公布月、周目标及教育内容			
整体感觉	充分利用空间,合理、合适、美观、有创意			
分析与评价				

幼儿园班级区域活动分布图

思考与建议	

幼儿园班级区域活动分布图

思考与建议	

幼儿区域活动表现记录评价表

区域活动名称				日　期			
姓　名		性　别		年　龄			
类　目	项　　目			经常	一般	很少	从未
自主性	1. 能独立完成一项活动						
	2. 会主动选择活动						
	3. 能主动收拾玩具						
	4. 分享活动时能主动提出自己的看法						
注意力	1. 能够参与该区活动达 5～10 分钟						
	2. 认真思考解决问题						
	3. 不受周围环境影响						
合作性	1. 能与同伴交流						
	2. 能与同伴合作完成一项工作						
	3. 遵守集体游戏规则						
	4. 会轮流使用活动材料						
创造力	1. 会利用不同的材料做整体的造型						
	2. 不重复自己的活动						
	3. 能提出解决问题的方法						
	4. 能提供不同的答案						
分析及评价							

幼儿区域活动表现记录评价表

区域活动名称				日　期			
姓　名		性　别		年　龄			
类　目	项　　目			经常	一般	很少	从未
自主性	1. 能独立完成一项活动						
	2. 会主动选择活动						
	3. 能主动收拾玩具						
	4. 分享活动时能主动提出自己的看法						
注意力	1. 能够参与该区活动达 5～10 分钟						
	2. 认真思考解决问题						
	3. 不受周围环境影响						
合作性	1. 能与同伴交流						
	2. 能与同伴合作完成一项工作						
	3. 遵守集体游戏规则						
	4. 会轮流使用活动材料						
创造力	1. 会利用不同的材料做整体的造型						
	2. 不重复自己的活动						
	3. 能提出解决问题的方法						
	4. 能提供不同的答案						
分析及评价							

幼儿区域活动表现记录评价表

<table>
<tr><td>区域活动名称</td><td colspan="3"></td><td colspan="2">日　期</td><td colspan="2"></td></tr>
<tr><td>姓　名</td><td></td><td>性　别</td><td></td><td colspan="2">年　龄</td><td colspan="2"></td></tr>
<tr><td>类　目</td><td colspan="3">项　　目</td><td>经常</td><td>一般</td><td>很少</td><td>从未</td></tr>
<tr><td rowspan="4">自主性</td><td colspan="3">1. 能独立完成一项活动</td><td></td><td></td><td></td><td></td></tr>
<tr><td colspan="3">2. 会主动选择活动</td><td></td><td></td><td></td><td></td></tr>
<tr><td colspan="3">3. 能主动收拾玩具</td><td></td><td></td><td></td><td></td></tr>
<tr><td colspan="3">4. 分享活动时能主动提出自己的看法</td><td></td><td></td><td></td><td></td></tr>
<tr><td rowspan="3">注意力</td><td colspan="3">1. 能够参与该区活动达 5～10 分钟</td><td></td><td></td><td></td><td></td></tr>
<tr><td colspan="3">2. 认真思考解决问题</td><td></td><td></td><td></td><td></td></tr>
<tr><td colspan="3">3. 不受周围环境影响</td><td></td><td></td><td></td><td></td></tr>
<tr><td rowspan="4">合作性</td><td colspan="3">1. 能与同伴交流</td><td></td><td></td><td></td><td></td></tr>
<tr><td colspan="3">2. 能与同伴合作完成一项工作</td><td></td><td></td><td></td><td></td></tr>
<tr><td colspan="3">3. 遵守集体游戏规则</td><td></td><td></td><td></td><td></td></tr>
<tr><td colspan="3">4. 会轮流使用活动材料</td><td></td><td></td><td></td><td></td></tr>
<tr><td rowspan="4">创造力</td><td colspan="3">1. 会利用不同的材料做整体的造型</td><td></td><td></td><td></td><td></td></tr>
<tr><td colspan="3">2. 不重复自己的活动</td><td></td><td></td><td></td><td></td></tr>
<tr><td colspan="3">3. 能提出解决问题的方法</td><td></td><td></td><td></td><td></td></tr>
<tr><td colspan="3">4. 能提供不同的答案</td><td></td><td></td><td></td><td></td></tr>
<tr><td>分析
及
评价</td><td colspan="7"></td></tr>
</table>

幼儿区域活动表现记录评价表

区域活动名称				日　期			
姓　名		性　别		年　龄			
类　目	项　　目			经常	一般	很少	从未
自主性	1. 能独立完成一项活动						
	2. 会主动选择活动						
	3. 能主动收拾玩具						
	4. 分享活动时能主动提出自己的看法						
注意力	1. 能够参与该区活动达 5～10 分钟						
	2. 认真思考解决问题						
	3. 不受周围环境影响						
合作性	1. 能与同伴交流						
	2. 能与同伴合作完成一项工作						
	3. 遵守集体游戏规则						
	4. 会轮流使用活动材料						
创造力	1. 会利用不同的材料做整体的造型						
	2. 不重复自己的活动						
	3. 能提出解决问题的方法						
	4. 能提供不同的答案						
分析及评价							

幼儿园班级游戏活动观察分析表

班　级		活动时间	
活动名称			
材料投放与准备			
教师组织与指导			
游戏过程			
分析与评价			

幼儿园班级游戏活动观察分析表

<table>
<tr><td>班　级</td><td></td><td>活动时间</td><td></td></tr>
<tr><td>活动名称</td><td colspan="3"></td></tr>
<tr><td>材料投放与准备</td><td colspan="3"></td></tr>
<tr><td>教师组织与指导</td><td colspan="3"></td></tr>
<tr><td>游戏过程</td><td colspan="3"></td></tr>
<tr><td>分析与评价</td><td colspan="3"></td></tr>
</table>

户外活动记录分析表

班　级		人　数		日　期	
活动类型	□游戏活动　□体育锻炼　□其他				
环境与材料	□环境材料安全　□材料种类、数量充足 □充分利用环境材料　□材料玩具有创新				
幼儿反应	□灵活有序　□积极参与　□合作互动 □活动量适中　□玩法创新　□有所发展				
观察重点					
现场记录					
分析与建议					

户外活动记录分析表

班　级		人　数		日　期	
活动类型	□游戏活动　□体育锻炼　□其他				
环境与材料	□环境材料安全　□材料种类、数量充足 □充分利用环境材料　□材料玩具有创新				
幼儿反应	□灵活有序　□积极参与　□合作互动 □活动量适中　□玩法创新　□有所发展				
观察重点					
现场记录					
分析与建议					

幼儿园大型活动记录分析表

地　点		参与对象		人　数	
主　题					
形　式					
过　程					
效果分析					
建　议					

备注:幼儿园大型活动是指有较大规模、形式多样、由全体幼儿参加或邀请家长一起参加的集体活动。主要包括节日活动、参观活动、纪念活动、亲子活动、家长助教、春游秋游、运动会等。

幼儿园大型活动记录分析表

<table>
<tr><td>地　点</td><td></td><td>参与对象</td><td></td><td>人　数</td><td></td></tr>
<tr><td>主　题</td><td colspan="5"></td></tr>
<tr><td>形　式</td><td colspan="5"></td></tr>
<tr><td>过　程</td><td colspan="5"></td></tr>
<tr><td>效果
分析</td><td colspan="5"></td></tr>
<tr><td>建　议</td><td colspan="5"></td></tr>
</table>

备注：幼儿园大型活动是指有较大规模、形式多样、由全体幼儿参加或邀请家长一起参加的集体活动。主要包括节日活动、参观活动、纪念活动、亲子活动、家长助教、春游秋游、运动会等。

教学活动互动情况记录表

互动类型	互动性质	互动行为	观察到的次数				
			幼儿1	幼儿2	幼儿3	幼儿4	幼儿5
师幼互动	上行型互动	请求					
		征询					
师幼互动		展示					
		汇报					
		寻求帮助和指导					
		其他：______					
	下行型互动	要求					
		指令					
		提醒					
		约束					
		帮助指导和照顾					
		其他：______					
	平行型互动	发表个人见解					
		共同游戏					
		提问					
		替教师做事					
		其他：______					
幼幼互动	被动型互动	讨论、交流					
		帮助他人					
		共同游戏					
		其他：______					
	主动型互动	讨论、交流					
		帮助他人					
		共同游戏					
		其他：______					
与环境材料的互动	有意型互动	观察					
		操作					
		其他：______					
	无意型互动	观察					
		操作					
		其他：______					

附:课堂活动互动操作定义

互动类型	互动性质	操作定义
师幼互动	上行型互动	幼儿对教师的请求或征询、展示、汇报、寻求帮助和指导等的互动内容
	下行型互动	多是教师对幼儿发出的要求、指令、提醒、约束、帮助指导和照顾的互动内容
	平行型互动	幼儿乐于发表个人见解和教师共同游戏、主动表述客观现象、提问和主动替教师做事等的互动内容
幼幼互动	被动型互动	幼儿在教师的要求、指令下,发生的分享、合作、共同游戏等互动内容
	主动型互动	幼儿因自身需求而发生的分享、合作、共同游戏等互动内容
与材料环境的互动	有意型互动	幼儿在活动中为完成任务而发生的有目的、有计划的互动内容
	无意型互动	幼儿在活动中与环境材料发生的无目的的摆弄、操作等互动内容

幼儿园班级教学活动记录与分析表

<table>
<tr><td>活动班级</td><td></td><td>执教教师</td><td></td><td>活动时间</td><td></td></tr>
<tr><td>活动领域</td><td></td><td>活动名称</td><td colspan="3"></td></tr>
<tr><td>活动目标</td><td colspan="5"></td></tr>
<tr><td>活动准备</td><td colspan="5"></td></tr>
<tr><td colspan="4">活动过程</td><td colspan="2">即时评价</td></tr>
<tr><td colspan="4"></td><td colspan="2"></td></tr>
</table>

续　表

存在问题及疑惑	
分析与评价	

教学活动互动情况记录表

互动类型	互动性质	互动行为	观察到的次数				
			幼儿 1	幼儿 2	幼儿 3	幼儿 4	幼儿 5
师幼互动	上行型互动	请求					
		征询					
师幼互动		展示					
		汇报					
		寻求帮助和指导					
		其他：________					
	下行型互动	要求					
		指令					
		提醒					
		约束					
		帮助指导和照顾					
		其他：________					
	平行型互动	发表个人见解					
		共同游戏					
		提问					
		替教师做事					
		其他：________					
幼幼互动	被动型互动	讨论、交流					
		帮助他人					
		共同游戏					
		其他：________					
	主动型互动	讨论、交流					
		帮助他人					
		共同游戏					
		其他：________					
与环境材料的互动	有意型互动	观察					
		操作					
		其他：________					
	无意型互动	观察					
		操作					
		其他：________					

幼儿园班级教学活动记录与分析表

活动班级		执教教师		活动时间	
活动领域		活动名称			
活动目标					
活动准备					

活动过程	即时评价

续 表

存在问题及疑惑
分析与评价

学生见习鉴定表

<table>
<tr><td>班　级</td><td colspan="3"></td><td colspan="2">姓　名</td><td></td><td colspan="3">学　号</td><td></td></tr>
<tr><td>见习时间</td><td colspan="10">年　　月　　日至　　年　　月　　日　　共　　天</td></tr>
<tr><td>见习单位</td><td colspan="10"></td></tr>
<tr><td>学校指导教师</td><td colspan="4"></td><td colspan="2">幼儿园指导教师</td><td colspan="4"></td></tr>
<tr><td>应到工作日</td><td colspan="4"></td><td colspan="2">实到工作日</td><td colspan="4"></td></tr>
<tr><td>事假</td><td></td><td>病假</td><td colspan="2"></td><td>迟到</td><td></td><td colspan="2">缺勤</td><td colspan="2"></td></tr>
<tr><td colspan="11">见习总结</td></tr>
<tr><td colspan="11"></td></tr>
</table>

续 表

幼儿园指导教师评语 见习单位:(盖章) 见习成绩:＿＿＿＿＿＿ 指导教师签字:
学校指导教师评语 见习成绩:＿＿＿＿＿＿ 指导教师签字:

周　　记

周　　记

附录

附件一:幼儿园教育指导纲要(试行)

第一部分　总则

一、为贯彻《中华人民共和国教育法》、《幼儿园管理条例》和《幼儿园工作规程》,指导幼儿园深入实施素质教育,特制定本纲要。

二、幼儿园教育是基础教育的重要组成部分,是我国学校教育和终身教育的奠基阶段。城乡各类幼儿园都应从实际出发,因地制宜地实施素质教育,为幼儿一生的发展打好基础。

三、幼儿园应与家庭、社区密切合作,与小学相互衔接,综合利用各种教育资源,共同为幼儿的发展创造良好的条件。

四、幼儿园应为幼儿提供健康、丰富的生活和活动环境,满足他们多方面发展的需要,使他们在快乐的童年生活中获得有益于身心发展的经验。

五、幼儿园教育应尊重幼儿的人格和权利,尊重幼儿身心发展的规律和学习特点,以游戏为基本活动,保教并重,关注个别差异,促进每个幼儿富有个性的发展。

第二部分　教育内容与要求

幼儿园的教育内容是全面的、启蒙性的,可以相对划分为健康、语言、社会、科学、艺术等五个领域,也可作其它不同的划分。各领域的内容相互渗透,从不同的角度促进幼儿情感、态度、能力、知识、技能等方面的发展。

一、健康

(一) 目标

1. 身体健康,在集体生活中情绪安定、愉快;

2. 生活、卫生习惯良好,有基本的生活自理能力;

3. 知道必要的安全保健常识,学习保护自己;

4. 喜欢参加体育活动,动作协调、灵活。

(二) 内容与要求

1. 建立良好的师生、同伴关系,让幼儿在集体生活中感到温暖,心情愉快,形成安全感、信赖感。

2. 与家长配合,根据幼儿的需要建立科学的生活常规。培养幼儿良好的饮食、睡眠、盥洗、排泄等生活习惯和生活自理能力。

3. 教育幼儿爱清洁、讲卫生，注意保持个人和生活场所的整洁和卫生。

4. 密切结合幼儿的生活进行安全、营养和保健教育，提高幼儿的自我保护意识和能力。

5. 开展丰富多彩的户外游戏和体育活动，培养幼儿参加体育活动的兴趣和习惯，增强体质，提高对环境的适应能力。

6. 用幼儿感兴趣的方式发展基本动作，提高动作的协调性、灵活性。

7. 在体育活动中，培养幼儿坚强、勇敢、不怕困难的意志品质和主动、乐观、合作的态度。

(三) 指导要点

1. 幼儿园必须把保护幼儿的生命和促进幼儿的健康放在工作的首位。树立正确的健康观念，在重视幼儿身体健康的同时，要高度重视幼儿的心理健康。

2. 既要高度重视和满足幼儿受保护、受照顾的需要，又要尊重和满足他们不断增长的独立要求，避免过度保护和包办代替，鼓励并指导幼儿自理、自立的尝试。

3. 健康领域的活动要充分尊重幼儿生长发育的规律，严禁以任何名义进行有损幼儿健康的比赛、表演或训练等。

4. 培养幼儿对体育活动的兴趣是幼儿园体育的重要目标，要根据幼儿的特点组织生动有趣、形式多样的体育活动，吸引幼儿主动参与。

二、语言

(一) 目标

1. 乐观与人交谈，讲话礼貌；

2. 注意倾听对方讲话，能理解日常用语；

3. 能清楚地说出自己想说的事；

4. 喜欢听故事、看图书；

5. 能听懂和会说普通话。

(二) 内容与要求

1. 创造一个自由、宽松的语言交往环境，支持、鼓励、吸引幼儿与教师、同伴或其他人交谈，体验语言交流的乐趣，学习使用适当的、礼貌的语言交往。

2. 养成幼儿注意倾听的习惯，发展语言理解能力。

3. 鼓励幼儿大胆、清楚地表达自己的想法和感受，尝试说明、描述简单的事物或过程，发展语言表达能力和思维能力。

4. 引导幼儿接触优秀的儿童文学作品，使之感受语言的丰富和优美，并通过多种活动帮助幼儿加深对作品的体验和理解。

5. 培养幼儿对生活中常见的简单标记和文字符号的兴趣。

6. 利用图书、绘画和其他多种方式，引发幼儿对书籍、阅读和书写的兴趣，培养前阅读和前书写技能。

7. 提供普通话的语言环境，帮助幼儿熟悉、听懂并学说普通话。少数民族地区还应帮助幼儿学习本民族语言。

（三）指导要点

1. 语言能力是在运用的过程中发展起来的，发展幼儿语言的关键是创设一个能使他们想说、敢说、喜欢说、有机会说并能得到积极应答的环境。

2. 幼儿语言的发展与其情感、经验、思维、社会交往能力等其它方面的发展密切相关，因此，发展幼儿语言的重要途径是通过互相渗透的各领域的教育，在丰富多彩的活动中去扩展幼儿的经验，提供促进语言发展的条件。

3. 幼儿的语言学习具有个别化的特点，教师与幼儿的个别交流、幼儿之间的自由交谈等，对幼儿语言发展具有特殊意义。

4. 对有语言障碍的儿童要给予特别关注，要与家长和有关方面密切配合，积极地帮助他们提高语言能力。

三、社会

（一）目标

1. 能主动地参与各项活动，有自信心；

2. 乐意与人交往，学习互助、合作和分享，有同情心；

3. 理解并遵守日常生活中基本的社会行为规则；

4. 能努力做好力所能及的事，不怕困难，有初步的责任感；

5. 爱父母长辈、老师和同伴，爱集体、爱家乡、爱祖国。

（二）内容与要求

1. 引导幼儿参加各种集体活动，体验与教师、同伴等共同生活的乐趣，帮助他们正确认识自己和他人，养成对他人、社会亲近、合作的态度，学习初步的人际交往技能。

2. 为每个幼儿提供表现自己长处和获得成功的机会，增强其自尊心和自信心。

3. 提供自由活动的机会，支持幼儿自主地选择、计划活动，鼓励他们通过多方面的努力解决问题，不轻易放弃克服困难的尝试。

4. 在共同的生活和活动中，以多种方式引导幼儿认识、体验并理解基本的社会行为规则，学习自律和尊重他人。

5. 教育幼儿爱护玩具和其他物品，爱护公物和公共环境。

6. 与家庭、社区合作，引导幼儿了解自己的亲人以及与自己生活有关的各行各业人们的劳动，培养其对劳动者的热爱和对劳动成果的尊重。

7. 充分利用社会资源，引导幼儿实际感受祖国文化的丰富与优秀，感受家乡的变化和发展，激发幼儿爱家乡、爱祖国的情感。

8. 适当向幼儿介绍我国各民族和世界其他国家、民族的文化，使其感知人类文化的多样性和差异性，培养理解、尊重、平等的态度。

（三）指导要点

1. 社会领域的教育具有潜移默化的特点。幼儿社会态度和社会情感的培养尤应渗透在多种活动和一日生活的各个环节之中，要创设一个能使幼儿感受到接纳、关爱和支持的良好环境，避免单一呆板的言语说教。

2. 幼儿与成人、同伴之间的共同生活、交往、探索、游戏等，是其社会学习的重要途径。应为幼儿提供人际间相互交往和共同活动的机会和条件，并加以指导。

3. 社会学习是一个漫长的积累过程，需要幼儿园、家庭和社会密切合作，协调一致，共同促进幼儿良好社会性品质的形成。

四、科学

（一）目标

1. 对周围的事物、现象感兴趣，有好奇心和求知欲；

2. 能运用各种感官，动手动脑，探究问题；

3. 能用适当的方式表达、交流探索的过程和结果；

4. 能从生活和游戏中感受事物的数量关系并体验到数学的重要和有趣；

5. 爱护动植物，关心周围环境，亲近大自然，珍惜自然资源，有初步的环保意识。

（二）内容与要求

1. 引导幼儿对身边常见事物和现象的特点、变化规律产生兴趣和探究的欲望。

2. 为幼儿的探究活动创造宽松的环境，让每个幼儿都有机会参与尝试，支持、鼓励他们大胆提出问题，发表不同意见，学会尊重别人的观点和经验。

3. 提供丰富的可操作的材料，为每个幼儿都能运用多种感官。多种方式进行探索提供活动的条件。

4. 通过引导幼儿积极参加小组讨论、探索等方式，培养幼儿合作学习的意识和能力，学习用多种方式表现、交流、分享探索的过程和结果。

5. 引导幼儿对周围环境中的数、量、形、时间和空间等现象产生兴趣，建构初步的数概念，并学习用简单的数学方法解决生活和游戏中某些简单的问题。

6. 从生活或媒体中幼儿熟悉的科技成果入手，引导幼儿感受科学技术对生活的影响，培养他们对科学的兴趣和对科学家的崇敬。

7. 在幼儿生活经验的基础上，帮助幼儿了解自然、环境与人类生活的关系。从身边的小事入手，培养初步的环保意识和行为。

（三）指导要点

1. 幼儿的科学教育是科学启蒙教育，重在激发幼儿的认识兴趣和探究欲望。

2. 要尽量创造条件让幼儿实际参加探究活动，使他们感受科学探究的过程和方法，体验发现的乐趣。

3. 科学教育应密切联系幼儿的实际生活进行，利用身边的事物与现象作为科学探索的对象。

五、艺术

（一）目标

1. 能初步感受并喜爱环境、生活和艺术中的美；

2. 喜欢参加艺术活动,并能大胆地表现自己的情感和体验;

3. 能用自己喜欢的方式进行艺术表现活动。

(二)内容与要求

1. 引导幼儿接触周围环境和生活中美好的人、事、物,丰富他们的感性经验和审美情趣,激发他们表现美、创造美的情趣。

2. 在艺术活动中面向全体幼儿,要针对他们的不同特点和需要,让每个幼儿都得到美的熏陶和培养。对有艺术天赋的幼儿要注意发展他们的艺术潜能。

3. 提供自由表现的机会,鼓励幼儿用不同艺术形式大胆地表达自己的情感、理解和想象,尊重每个幼儿的想法和创造,肯定和接纳他们独特的审美感受和表现方式,分享他们创造的快乐。

4. 在支持、鼓励幼儿积极参加各种艺术活动并大胆表现的同时,帮助他们提高表现的技能和能力。

5. 指导幼儿利用身边的物品或废旧材料制作玩具、手工艺品等来美化自己的生活或开展其他活动。

6. 为幼儿创设展示自己作品的条件,引导幼儿相互交流、相互欣赏、共同提高。

(三)指导要点

1. 艺术是实施美育的主要途径,应充分发挥艺术的情感教育功能,促进幼儿健全人格的形成。要避免仅仅重视表现技能或艺术活动的结果,而忽视幼儿在活动过程中的情感体验和态度的倾向。

2. 幼儿的创作过程和作品是他们表达自己的认识和情感的重要方式,应支持幼儿富有个性和创造性的表达,克服过分强调技能技巧和标准化要求的偏向。

3. 幼儿艺术活动的能力是在大胆表现的过程中逐渐发展起来的,教师的作用应主要在于激发幼儿感受美、表现美的情趣,丰富他们的审美经验,使之体验自由表达和创造的快乐。在此基础上,根据幼儿的发展状况和需要,对表现方式和技能技巧给予适时、适当的指导。

第三部分　组织与实施

一、幼儿园的教育是为所有在园幼儿的健康成长服务的,要为每一个儿童,包括有特殊需要的儿童提供积极的支持和帮助。

二、幼儿园的教育活动,是教师以多种形式有目的、有计划地引导幼儿生动、活泼、主动活动的教育过程。

三、教育活动的组织与实施过程是教师创造性地开展工作的过程。教师要根据本《纲要》,从本地、本园的条件出发,结合本班幼儿的实际情况,制定切实可行的工作计划并灵活地执行。

四、教育活动目标要以《幼儿园工作规程》和本《纲要》所提出的各领域目标为指导,结合本班幼儿的发展水平、经验和需要来确定。

五、教育活动内容的选择应遵照本《纲要》第二部分的有关条款进行,同时体现以下原则:

(一)既适合幼儿的现有水平,又有一定的挑战性。

(二)既符合幼儿的现实需要,又有利于其长远发展。

(三)既贴近幼儿的生活来选择幼儿感兴趣的事物和问题,又有助于拓展幼儿的经验和视野。

六、教育活动内容的组织应充分考虑幼儿的学习特点和认识规律,各领域的内容要有机联系,相互渗透,注重综合性、趣味性、活动性,寓教育于生活、游戏之中。

七、教育活动的组织形式应根据需要合理安排,因时、因地、因内容、因材料灵活地运用。

八、环境是重要的教育资源,应通过环境的创设和利用,有效地促进幼儿的发展。

(一)幼儿园的空间、设施、活动材料和常规要求等应有利于引发、支持幼儿的游戏和各种探索活动,有利于引发、支持幼儿与周围环境之间积极的相互作用。

(二)幼儿同伴群体及幼儿园教师集体是宝贵的教育资源,应充分发挥这一资源的作用。

(三)教师的态度和管理方式应有助于形成安全、温馨的心理环境;言行举止应成为幼儿学习的良好榜样。

(四)家庭是幼儿园重要的合作伙伴。应本着尊重、平等、合作的原则,争取家长的理解、支持和主动参与,并积极支持、帮助家长提高教育能力。

(五)充分利用自然环境和社区的教育资源,扩展幼儿生活和学习的空间。幼儿园同时应为社区的早期教育提供服务。

九、科学、合理地安排和组织一日生活。

(一)时间安排应有相对的稳定性与灵活性,既有利于形成秩序,又能满足幼儿的合理需要,照顾到个体差异。

(二)教师直接指导的活动和间接指导的活动相结合,保证幼儿每天有适当的自主选择和自由活动时间。教师直接指导的集体活动要能保证幼儿的积极参与,避免时间的隐性浪费。

(三)尽量减少不必要的集体行动和过渡环节,减少和消除消极等待现象。

(四)建立良好的常规,避免不必要的管理行为,逐步引导幼儿学习自我管理。

十、教师应成为幼儿学习活动的支持者、合作者、引导者。

(一)以关怀、接纳、尊重的态度与幼儿交往。耐心倾听,努力理解幼儿的想法与感受,支持、鼓励他们大胆探索与表达。

(二)善于发现幼儿感兴趣的事物、游戏和偶发事件中所隐含的教育价值,把握时机,积极引导。

(三)关注幼儿在活动中的表现和反应,敏感地察觉他们的需要,及时以适当的方式应答,形成合作探究式的师生互动。

(四)尊重幼儿在发展水平、能力、经验、学习方式等方面的个体差异,因人施教,努力使每一个幼儿都能获得满足和成功。

（五）关注幼儿的特殊需要，包括各种发展潜能和不同发展障碍，与家庭密切配合，共同促进幼儿健康成长。

十一、幼儿园教育要与0～3岁儿童的保育教育以及小学教育相互衔接。

第四部分 教育评价

一、教育评价是幼儿园教育工作的重要组成部分，是了解教育的适宜性、有效性，调整和改进工作，促进每一个幼儿发展，提高教育质量的必要手段。

二、管理人员、教师、幼儿及其家长均是幼儿园教育评价工作的参与者。评价过程是各方共同参与、相互支持与合作的过程。

三、评价的过程，是教师运用专业知识审视教育实践，发现、分析、研究、解决问题的过程，也是其自我成长的重要途径。

四、幼儿园教育工作评价实行以教师自评为主，园长以及有关管理人员、其他教师和家长等参与评价的制度。

五、评价应自然地伴随着整个教育过程进行。综合采用观察、谈话、作品分析等多种方法。

六、幼儿的行为表现和发展变化具有重要的评价意义，教师应视之为重要的评价信息和改进工作的依据。

七、教育工作评价宜重点考察以下方面：

（一）教育计划和教育活动的目标是否建立在了解本班幼儿现状的基础上。

（二）教育的内容、方式、策略、环境条件是否能调动幼儿学习的积极性。

（三）教育过程是否能为幼儿提供有益的学习经验，并符合其发展需要。

（四）教育内容、要求能否兼顾群体需要和个体差异，使每个幼儿都能得到发展，都有成功感。

（五）教师的指导是否有利于幼儿主动、有效地学习。

八、对幼儿发展状况的评估，要注意：

（一）明确评价的目的是了解幼儿的发展需要，以便提供更加适宜的帮助和指导。

（二）全面了解幼儿的发展状况，防止片面性，尤其要避免只重知识和技能，忽略情感、社会性和实际能力的倾向。

（三）在日常活动与教育教学过程中采用自然的方法进行。平时观察所获的具有典型意义的幼儿行为表现和所积累的各种作品等，是评价的重要依据。

（四）承认和关注幼儿的个体差异，避免用划一的标准评价不同的幼儿，在幼儿面前慎用横向的比较。

（五）以发展的眼光看待幼儿，既要了解现有水平，更要关注其发展的速度、特点和倾向等。

附件二:幼儿园教师专业标准(试行)

为促进幼儿园教师专业发展,建设高素质幼儿园教师队伍,根据《中华人民共和国教师法》,特制定《幼儿园教师专业标准(试行)》(以下简称《专业标准》)。

幼儿园教师是履行幼儿园教育教学工作职责的专业人员,需要经过严格的培养与培训,具有良好的职业道德,掌握系统的专业知识和专业技能。《专业标准》是国家对合格幼儿园教师专业素质的基本要求,是幼儿园教师实施保教行为的基本规范,是引领幼儿园教师专业发展的基本准则,是幼儿园教师培养、准入、培训、考核等工作的重要依据。

一、基本理念

(一) 师德为先

热爱学前教育事业,具有职业理想,践行社会主义核心价值体系,履行教师职业道德规范,依法执教。关爱幼儿,尊重幼儿人格,富有爱心、责任心、耐心和细心;为人师表,教书育人,自尊自律,做幼儿健康成长的启蒙者和引路人。

(二) 幼儿为本

尊重幼儿权益,以幼儿为主体,充分调动和发挥幼儿的主动性;遵循幼儿身心发展特点和保教活动规律,提供适合的教育,保障幼儿快乐健康成长。

(三) 能力为重

把学前教育理论与保教实践相结合,突出保教实践能力;研究幼儿,遵循幼儿成长规律,提升保教工作专业化水平;坚持实践、反思、再实践、再反思,不断提高专业能力。

(四) 终身学习

学习先进学前教育理论,了解国内外学前教育改革与发展的经验和做法;优化知识结构,提高文化素养;具有终身学习与持续发展的意识和能力,做终身学习的典范。

二、基本内容

维度	领域	基本要求
专业理念与师德	(一)职业理解与认识	1. 贯彻党和国家教育方针政策,遵守教育法律法规。 2. 理解幼儿保教工作的意义,热爱学前教育事业,具有职业理想和敬业精神。 3. 认同幼儿园教师的专业性和独特性,注重自身专业发展。 4. 具有良好职业道德修养,为人师表。 5. 具有团队合作精神,积极开展协作与交流。
	(二)对幼儿的态度与行为	6. 关爱幼儿,重视幼儿身心健康,将保护幼儿生命安全放在首位。 7. 尊重幼儿人格,维护幼儿合法权益,平等对待每一位幼儿。不讽刺、挖苦、歧视幼儿,不体罚或变相体罚幼儿。 8. 信任幼儿,尊重个体差异,主动了解和满足有益于幼儿身心发展的不同需求。 9. 重视生活对幼儿健康成长的重要价值,积极创造条件,让幼儿拥有快乐的幼儿园生活。
	(三)幼儿保育和教育的态度与行为	10. 注重保教结合,培育幼儿良好的意志品质,帮助幼儿养成良好的行为习惯。 11. 注重保护幼儿的好奇心,培养幼儿的想像力,发掘幼儿的兴趣爱好。 12. 重视环境和游戏对幼儿发展的独特作用,创设富有教育意义的环境氛围,将游戏作为幼儿的主要活动。 13. 重视丰富幼儿多方面的直接经验,将探索、交往等实践活动作为幼儿最重要的学习方式。 14. 重视自身日常态度言行对幼儿发展的重要影响与作用。 15. 重视幼儿园、家庭和社区的合作,综合利用各种资源。
	(四)个人修养与行为	16. 富有爱心、责任心、耐心和细心。 17. 乐观向上、热情开朗,有亲和力。 18. 善于自我调节情绪,保持平和心态。 19. 勤于学习,不断进取。 20. 衣着整洁得体,语言规范健康,举止文明礼貌。
专业知识	(五)幼儿发展知识	21. 了解关于幼儿生存、发展和保护的有关法律法规及政策规定。 22. 掌握不同年龄幼儿身心发展特点、规律和促进幼儿全面发展的策略与方法。 23. 了解幼儿在发展水平、速度与优势领域等方面的个体差异,掌握对应的策略与方法。 24. 了解幼儿发展中容易出现的问题与适宜的对策。 25. 了解有特殊需要幼儿的身心发展特点及教育策略与方法。
	(六)幼儿保育和教育知识	26. 熟悉幼儿园教育的目标、任务、内容、要求和基本原则。 27. 掌握幼儿园各领域教育的学科特点与基本知识。 28. 掌握幼儿园环境创设、一日生活安排、游戏与教育活动、保育和班级管理的知识与方法。

续 表

维度	领域	基本要求
		29. 熟知幼儿园的安全应急预案,掌握意外事故和危险情况下幼儿安全防护与救助的基本方法。 30. 掌握观察、谈话、记录等了解幼儿的基本方法和教育心理学的基本原理和方法。 31. 了解0～3岁婴幼儿保教和幼小衔接的有关知识与基本方法。
	(七) 通识性知识	32. 具有一定的自然科学和人文社会科学知识。 33. 了解中国教育基本情况。 34. 具有相应的艺术欣赏与表现知识。 35. 具有一定的现代信息技术知识。
专业能力	(八) 环境的创设与利用	36. 建立良好的师幼关系,帮助幼儿建立良好的同伴关系,让幼儿感到温暖和愉悦。 37. 建立班级秩序与规则,营造良好的班级氛围,让幼儿感受到安全、舒适。 38. 创设有助于促进幼儿成长、学习、游戏的教育环境。 39. 合理利用资源,为幼儿提供和制作适合的玩教具和学习材料,引发和支持幼儿的主动活动。
	(九) 一日生活的组织与保育	40. 合理安排和组织一日生活的各个环节,将教育灵活地渗透到一日生活中。 41. 科学照料幼儿日常生活,指导和协助保育员做好班级常规保育和卫生工作。 42. 充分利用各种教育契机,对幼儿进行随机教育。 43. 有效保护幼儿,及时处理幼儿的常见事故,危险情况优先救护幼儿。
	(十) 游戏活动的支持与引导	44. 提供符合幼儿兴趣需要、年龄特点和发展目标的游戏条件。 45. 充分利用与合理设计游戏活动空间,提供丰富、适宜的游戏材料,支持、引发和促进幼儿的游戏。 46. 鼓励幼儿自主选择游戏内容、伙伴和材料,支持幼儿主动地、创造性地开展游戏,充分体验游戏的快乐和满足。 47. 引导幼儿在游戏活动中获得身体、认知、语言和社会性等多方面的发展。
	(十一) 教育活动的计划与实施	48. 制定阶段性的教育活动计划和具体活动方案。 49. 在教育活动中观察幼儿,根据幼儿的表现和需要,调整活动,给予适宜的指导。 50. 在教育活动的设计和实施中体现趣味性、综合性和生活化,灵活运用各种组织形式和适宜的教育方式。 51. 提供更多的操作探索、交流合作、表达表现的机会,支持和促进幼儿主动学习。
	(十二) 激励与评价	52. 关注幼儿日常表现,及时发现和赏识每个幼儿的点滴进步,注重激发和保护幼儿的积极性、自信心。 53. 有效运用观察、谈话、家园联系、作品分析等多种方法,客观地、全面地了解和评价幼儿。

续　表

维度	领域	基本要求
		54. 有效运用评价结果,指导下一步教育活动的开展。
	(十三) 沟通与合作	55. 使用符合幼儿年龄特点的语言进行保教工作。 56. 善于倾听,和蔼可亲,与幼儿进行有效沟通。 57. 与同事合作交流,分享经验和资源,共同发展。 58. 与家长进行有效沟通合作,共同促进幼儿发展。 59. 协助幼儿园与社区建立合作互助的良好关系。
	(十四) 反思与发展	60. 主动收集分析相关信息,不断进行反思,改进保教工作。 61. 针对保教工作中的现实需要与问题,进行探索和研究。 62. 制定专业发展规划,积极参加专业培训,不断提高自身专业素质。

附件三:幼儿园工作规程

第一章　总则

第一条　为了加强幼儿园的科学管理,规范办园行为,提高保育和教育质量,促进幼儿身心健康,依据《中华人民共和国教育法》等法律法规,制定本规程。

第二条　幼儿园是对3周岁以上学龄前幼儿实施保育和教育的机构。幼儿园教育是基础教育的重要组成部分,是学校教育制度的基础阶段。

第三条　幼儿园的任务是:贯彻国家的教育方针,按照保育与教育相结合的原则,遵循幼儿身心发展特点和规律,实施德、智、体、美等方面全面发展的教育,促进幼儿身心和谐发展。

幼儿园同时面向幼儿家长提供科学育儿指导。

第四条　幼儿园适龄幼儿一般为3周岁至6周岁。

幼儿园一般为三年制。

第五条　幼儿园保育和教育的主要目标是:

(一) 促进幼儿身体正常发育和机能的协调发展,增强体质,促进心理健康,培养良好的生活习惯、卫生习惯和参加体育活动的兴趣。

(二) 发展幼儿智力,培养正确运用感官和运用语言交往的基本能力,增进对环境的认识,培养有益的兴趣和求知欲望,培养初步的动手探究能力。

(三) 萌发幼儿爱祖国、爱家乡、爱集体、爱劳动、爱科学的情感,培养诚实、自信、友爱、勇敢、勤学、好问、爱护公物、克服困难、讲礼貌、守纪律等良好的品德行为和习惯,以及活泼开朗的性格。

(四) 培养幼儿初步感受美和表现美的情趣和能力。

第六条　幼儿园教职工应当尊重、爱护幼儿,严禁虐待、歧视、体罚和变相体罚、侮辱幼儿人格等损害幼儿身心健康的行为。

第七条　幼儿园可分为全日制、半日制、定时制、季节制和寄宿制等。上述形式可分别设置,也可混合设置。

第二章　幼儿入园和编班

第八条　幼儿园每年秋季招生。平时如有缺额,可随时补招。

幼儿园对烈士子女、家中无人照顾的残疾人子女、孤儿、家庭经济困难幼儿、具有接受普通教育能力的残疾儿童等入园,按照国家和地方的有关规定予以照顾。

第九条 企业、事业单位和机关、团体、部队设置的幼儿园,除招收本单位工作人员的子女外,应当积极创造条件向社会开放,招收附近居民子女入园。

第十条 幼儿入园前,应当按照卫生部门制定的卫生保健制度进行健康检查,合格者方可入园。

幼儿入园除进行健康检查外,禁止任何形式的考试或测查。

第十一条 幼儿园规模应当有利于幼儿身心健康,便于管理,一般不超过360人。

幼儿园每班幼儿人数一般为:小班(3周岁至4周岁)25人,中班(4周岁至5周岁)30人,大班(5周岁至6周岁)35人,混合班30人。寄宿制幼儿园每班幼儿人数酌减。

幼儿园可以按年龄分别编班,也可以混合编班。

第三章 幼儿园的安全

第十二条 幼儿园应当严格执行国家和地方幼儿园安全管理的相关规定,建立健全门卫、房屋、设备、消防、交通、食品、药物、幼儿接送交接、活动组织和幼儿就寝值守等安全防护和检查制度,建立安全责任制和应急预案。

第十三条 幼儿园的园舍应当符合国家和地方的建设标准,以及相关安全、卫生等方面的规范,定期检查维护,保障安全。幼儿园不得设置在污染区和危险区,不得使用危房。

幼儿园的设备设施、装修装饰材料、用品用具和玩教具材料等,应当符合国家相关的安全质量标准和环保要求。

入园幼儿应当由监护人或者其委托的成年人接送。

第十四条 幼儿园应当严格执行国家有关食品药品安全的法律法规,保障饮食饮水卫生安全。

第十五条 幼儿园教职工必须具有安全意识,掌握基本急救常识和防范、避险、逃生、自救的基本方法,在紧急情况下应当优先保护幼儿的人身安全。

幼儿园应当把安全教育融入一日生活,并定期组织开展多种形式的安全教育和事故预防演练。

幼儿园应当结合幼儿年龄特点和接受能力开展反家庭暴力教育,发现幼儿遭受或者疑似遭受家庭暴力的,应当依法及时向公安机关报案。

第十六条 幼儿园应当投保校方责任险。

第四章 幼儿园的卫生保健

第十七条 幼儿园必须切实做好幼儿生理和心理卫生保健工作。

幼儿园应当严格执行《托儿所幼儿园卫生保健管理办法》以及其他有关卫生保健的法规、规章和制度。

第十八条 幼儿园应当制定合理的幼儿一日生活作息制度。正餐间隔时间为3.5～4小时。在正常情况下,幼儿户外活动时间(包括户外体育活动时间)每天不得少于2小时,寄宿制幼儿园不得少于 3 小时;高寒、高温地区可酌情增减。

第十九条 幼儿园应当建立幼儿健康检查制度和幼儿健康卡或档案。每年体检一次,每半年测身高、视力一次,每季度量体重一次;注意幼儿口腔卫生,保护幼儿视力。

幼儿园对幼儿健康发展状况定期进行分析、评价,及时向家长反馈结果。

幼儿园应当关注幼儿心理健康,注重满足幼儿的发展需要,保持幼儿积极的情绪状态,让幼儿感受到尊重和接纳。

第二十条 幼儿园应当建立卫生消毒、晨检、午检制度和病儿隔离制度,配合卫生部门做好计划免疫工作。

幼儿园应当建立传染病预防和管理制度,制定突发传染病应急预案,认真做好疾病防控工作。

幼儿园应当建立患病幼儿用药的委托交接制度,未经监护人委托或者同意,幼儿园不得给幼儿用药。幼儿园应当妥善管理药品,保证幼儿用药安全。

幼儿园内禁止吸烟、饮酒。

第二十一条 供给膳食的幼儿园应当为幼儿提供安全卫生的食品,编制营养平衡的幼儿食谱,定期计算和分析幼儿的进食量和营养素摄取量,保证幼儿合理膳食。

幼儿园应当每周向家长公示幼儿食谱,并按照相关规定进行食品留样。

第二十二条 幼儿园应当配备必要的设备设施,及时为幼儿提供安全卫生的饮用水。

幼儿园应当培养幼儿良好的大小便习惯,不得限制幼儿便溺的次数、时间等。

第二十三条 幼儿园应当积极开展适合幼儿的体育活动,充分利用日光、空气、水等自然因素以及本地自然环境,有计划地锻炼幼儿肌体,增强身体的适应和抵抗能力。正常情况下,每日户外体育活动不得少于 1 小时。

幼儿园在开展体育活动时,应当对体弱或有残疾的幼儿予以特殊照顾。

第二十四条 幼儿园夏季要做好防暑降温工作,冬季要做好防寒保暖工作,防止中暑和冻伤。

第五章 幼儿园的教育

第二十五条 幼儿园教育应当贯彻以下原则和要求:

(一) 德、智、体、美等方面的教育应当互相渗透,有机结合。

(二) 遵循幼儿身心发展规律,符合幼儿年龄特点,注重个体差异,因人施教,引导幼儿个性健康发展。

(三) 面向全体幼儿,热爱幼儿,坚持积极鼓励、启发引导的正面教育。

(四) 综合组织健康、语言、社会、科学、艺术各领域的教育内容,渗透于幼儿一日生活的各项活动中,充分发挥各种教育手段的交互作用。

(五) 以游戏为基本活动,寓教育于各项活动之中。

(六) 创设与教育相适应的良好环境,为幼儿提供活动和表现能力的机会与条件。

第二十六条 幼儿一日活动的组织应当动静交替,注重幼儿的直接感知、实际操作和亲身体验,保证幼儿愉快的、有益的自由活动。

第二十七条 幼儿园日常生活组织,应当从实际出发,建立必要、合理的常规,坚持一贯性和灵活性相结合,培养幼儿的良好习惯和初步的生活自理能力。

第二十八条 幼儿园应当为幼儿提供丰富多样的教育活动。

教育活动内容应当根据教育目标、幼儿的实际水平和兴趣确定,以循序渐进为原则,有计划地选择和组织。

教育活动的组织应当灵活地运用集体、小组和个别活动等形式,为每个幼儿提供充分参与的机会,满足幼儿多方面发展的需要,促进每个幼儿在不同水平上得到发展。

教育活动的过程应注重支持幼儿的主动探索、操作实践、合作交流和表达表现,不应片面追求活动结果。

第二十九条 幼儿园应当将游戏作为对幼儿进行全面发展教育的重要形式。

幼儿园应当因地制宜创设游戏条件,提供丰富、适宜的游戏材料,保证充足的游戏时间,开展多种游戏。

幼儿园应当根据幼儿的年龄特点指导游戏,鼓励和支持幼儿根据自身兴趣、需要和经验水平,自主选择游戏内容、游戏材料和伙伴,使幼儿在游戏过程中获得积极的情绪情感,促进幼儿能力和个性的全面发展。

第三十条 幼儿园应当将环境作为重要的教育资源,合理利用室内外环境,创设开放的、多样的区域活动空间,提供适合幼儿年龄特点的丰富的玩具、操作材料和幼儿读物,支持幼儿自主选择和主动学习,激发幼儿学习的兴趣与探究的愿望。

幼儿园应当营造尊重、接纳和关爱的氛围,建立良好的同伴和师生关系。

幼儿园应当充分利用家庭和社区的有利条件,丰富和拓展幼儿园的教育资源。

第三十一条 幼儿园的品德教育应当以情感教育和培养良好行为习惯为主,注重潜移默化的影响,并贯穿于幼儿生活以及各项活动之中。

第三十二条 幼儿园应当充分尊重幼儿的个体差异,根据幼儿不同的心理发展水平,研究有效的活动形式和方法,注重培养幼儿良好的个性心理品质。

幼儿园应当为在园残疾儿童提供更多的帮助和指导。

第三十三条 幼儿园和小学应当密切联系,互相配合,注意两个阶段教育的相互衔接。

幼儿园不得提前教授小学教育内容,不得开展任何违背幼儿身心发展规律的活动。

第六章 幼儿园的园舍、设备

第三十四条 幼儿园应当按照国家的相关规定设活动室、寝室、卫生间、保健室、综合活动室、厨房和办公用房等,并达到相应的建设标准。有条件的幼儿园应当优先扩大幼儿游戏和活动空间。

寄宿制幼儿园应当增设隔离室、浴室和教职工值班室等。

第三十五条 幼儿园应当有与其规模相适应的户外活动场地，配备必要的游戏和体育活动设施，创造条件开辟沙地、水池、种植园地等，并根据幼儿活动的需要绿化、美化园地。

第三十六条 幼儿园应当配备适合幼儿特点的桌椅、玩具架、盥洗卫生用具，以及必要的玩教具、图书和乐器等。

玩教具应当具有教育意义并符合安全、卫生要求。幼儿园应当因地制宜，就地取材，自制玩教具。

第三十七条 幼儿园的建筑规划面积、建筑设计和功能要求，以及设施设备、玩教具配备，按照国家和地方的相关规定执行。

第七章　幼儿园的教职工

第三十八条 幼儿园按照国家相关规定设园长、副园长、教师、保育员、卫生保健人员、炊事员和其他工作人员等岗位，配足配齐教职工。

第三十九条 幼儿园教职工应当贯彻国家教育方针，具有良好品德，热爱教育事业，尊重和爱护幼儿，具有专业知识和技能以及相应的文化和专业素养，为人师表，忠于职责，身心健康。

幼儿园教职工患传染病期间暂停在幼儿园的工作。有犯罪、吸毒记录和精神病史者不得在幼儿园工作。

第四十条 幼儿园园长应当符合本规程第三十九条规定，并应当具有《教师资格条例》规定的教师资格、具备大专以上学历、有三年以上幼儿园工作经历和一定的组织管理能力，并取得幼儿园园长岗位培训合格证书。

幼儿园园长由举办者任命或者聘任，并报当地主管的教育行政部门备案。

幼儿园园长负责幼儿园的全面工作，主要职责如下：

(一) 贯彻执行国家的有关法律、法规、方针、政策和地方的相关规定，负责建立并组织执行幼儿园的各项规章制度；

(二) 负责保育教育、卫生保健、安全保卫工作；

(三) 负责按照有关规定聘任、调配教职工，指导、检查和评估教师以及其他工作人员的工作，并给予奖惩；

(四) 负责教职工的思想工作，组织业务学习，并为他们的学习、进修、教育研究创造必要的条件；

(五) 关心教职工的身心健康，维护他们的合法权益，改善他们的工作条件；

(六) 组织管理园舍、设备和经费；

(七) 组织和指导家长工作；

(八) 负责与社区的联系和合作。

第四十一条 幼儿园教师必须具有《教师资格条例》规定的幼儿园教师资格，并符合本规程第三十九条规定。

幼儿园教师实行聘任制。

幼儿园教师对本班工作全面负责,其主要职责如下:

(一)观察了解幼儿,依据国家有关规定,结合本班幼儿的发展水平和兴趣需要,制订和执行教育工作计划,合理安排幼儿一日生活;

(二)创设良好的教育环境,合理组织教育内容,提供丰富的玩具和游戏材料,开展适宜的教育活动;

(三)严格执行幼儿园安全、卫生保健制度,指导并配合保育员管理本班幼儿生活,做好卫生保健工作;

(四)与家长保持经常联系,了解幼儿家庭的教育环境,商讨符合幼儿特点的教育措施,相互配合共同完成教育任务;

(五)参加业务学习和保育教育研究活动;

(六)定期总结评估保教工作实效,接受园长的指导和检查。

第四十二条 幼儿园保育员应当符合本规程第三十九条规定,并应当具备高中毕业以上学历,受过幼儿保育职业培训。

幼儿园保育员的主要职责如下:

(一)负责本班房舍、设备、环境的清洁卫生和消毒工作;

(二)在教师指导下,科学照料和管理幼儿生活,并配合本班教师组织教育活动;

(三)在卫生保健人员和本班教师指导下,严格执行幼儿园安全、卫生保健制度;

(四)妥善保管幼儿衣物和本班的设备、用具。

第四十三条 幼儿园卫生保健人员除符合本规程第三十九条规定外,医师应当取得卫生行政部门颁发的《医师执业证书》;护士应当取得《护士执业证书》;保健员应当具有高中毕业以上学历,并经过当地妇幼保健机构组织的卫生保健专业知识培训。

幼儿园卫生保健人员对全园幼儿身体健康负责,其主要职责如下:

(一)协助园长组织实施有关卫生保健方面的法规、规章和制度,并监督执行;

(二)负责指导调配幼儿膳食,检查食品、饮水和环境卫生;

(三)负责晨检、午检和健康观察,做好幼儿营养、生长发育的监测和评价;定期组织幼儿健康体检,做好幼儿健康档案管理;

(四)密切与当地卫生保健机构的联系,协助做好疾病防控和计划免疫工作;

(五)向幼儿园教职工和家长进行卫生保健宣传和指导。

(六)妥善管理医疗器械、消毒用具和药品。

第四十四条 幼儿园其他工作人员的资格和职责,按照国家和地方的有关规定执行。

第四十五条 对认真履行职责、成绩优良的幼儿园教职工,应当按照有关规定给予奖励。

对不履行职责的幼儿园教职工,应当视情节轻重,依法依规给予相应处分。

第八章　幼儿园的经费

第四十六条　幼儿园的经费由举办者依法筹措,保障有必备的办园资金和稳定的经费来源。

按照国家和地方相关规定接受财政扶持的提供普惠性服务的国有企事业单位办园、集体办园和民办园等幼儿园,应当接受财务、审计等有关部门的监督检查。

第四十七条　幼儿园收费按照国家和地方的有关规定执行。

幼儿园实行收费公示制度,收费项目和标准向家长公示,接受社会监督,不得以任何名义收取与新生入园相挂钩的赞助费。

幼儿园不得以培养幼儿某种专项技能、组织或参与竞赛等为由,另外收取费用;不得以营利为目的组织幼儿表演、竞赛等活动。

第四十八条　幼儿园的经费应当按照规定的使用范围合理开支,坚持专款专用,不得挪作他用。

第四十九条　幼儿园举办者筹措的经费,应当保证保育和教育的需要,有一定比例用于改善办园条件和开展教职工培训。

第五十条　幼儿膳食费应当实行民主管理制度,保证全部用于幼儿膳食,每月向家长公布账目。

第五十一条　幼儿园应当建立经费预算和决算审核制度,经费预算和决算应当提交园务委员会审议,并接受财务和审计部门的监督检查。

幼儿园应当依法建立资产配置、使用、处置、产权登记、信息管理等管理制度,严格执行有关财务制度。

第九章　幼儿园、家庭和社区

第五十二条　幼儿园应当主动与幼儿家庭沟通合作,为家长提供科学育儿宣传指导,帮助家长创设良好的家庭教育环境,共同担负教育幼儿的任务。

第五十三条　幼儿园应当建立幼儿园与家长联系的制度。幼儿园可采取多种形式,指导家长正确了解幼儿园保育和教育的内容、方法,定期召开家长会议,并接待家长的来访和咨询。

幼儿园应当认真分析、吸收家长对幼儿园教育与管理工作的意见与建议。

幼儿园应当建立家长开放日制度。

第五十四条　幼儿园应当成立家长委员会。

家长委员会的主要任务是:对幼儿园重要决策和事关幼儿切身利益的事项提出意见和建议;发挥家长的专业和资源优势,支持幼儿园保育教育工作;帮助家长了解幼儿园工作计划和要求,协助幼儿园开展家庭教育指导和交流。

家长委员会在幼儿园园长指导下工作。

第五十五条 幼儿园应当加强与社区的联系与合作,面向社区宣传科学育儿知识,开展灵活多样的公益性早期教育服务,争取社区对幼儿园的多方面支持。

第十章 幼儿园的管理

第五十六条 幼儿园实行园长负责制。

幼儿园应当建立园务委员会。园务委员会由园长、副园长、党组织负责人和保教、卫生保健、财会等方面工作人员的代表以及幼儿家长代表组成。园长任园务委员会主任。

园长定期召开园务委员会会议,遇重大问题可临时召集,对规章制度的建立、修改、废除,全园工作计划,工作总结,人员奖惩,财务预算和决算方案,以及其他涉及全园工作的重要问题进行审议。

第五十七条 幼儿园应当加强党组织建设,充分发挥党组织政治核心作用、战斗堡垒作用。幼儿园应当为工会、共青团等其他组织开展工作创造有利条件,充分发挥其在幼儿园工作中的作用。

第五十八条 幼儿园应当建立教职工大会制度或者教职工代表大会制度,依法加强民主管理和监督。

第五十九条 幼儿园应当建立教研制度,研究解决保教工作中的实际问题。

第六十条 幼儿园应当制订年度工作计划,定期部署、总结和报告工作。每学年年末应当向教育等行政主管部门报告工作,必要时随时报告。

第六十一条 幼儿园应当接受上级教育、卫生、公安、消防等部门的检查、监督和指导,如实报告工作和反映情况。

幼儿园应当依法接受教育督导部门的督导。

第六十二条 幼儿园应当建立业务档案、财务管理、园务会议、人员奖惩、安全管理以及与家庭、小学联系等制度。

幼儿园应当建立信息管理制度,按照规定采集、更新、报送幼儿园管理信息系统的相关信息,每年向主管教育行政部门报送统计信息。

第六十三条 幼儿园教师依法享受寒暑假期的带薪休假。幼儿园应当创造条件,在寒暑假期间,安排工作人员轮流休假。具体办法由举办者制定。

第十一章 附则

第六十四条 本规程适用于城乡各类幼儿园。

第六十五条 省、自治区、直辖市教育行政部门可根据本规程,制订具体实施办法。

第六十六条 本规程自 2016 年 3 月 1 日起施行。1996 年 3 月 9 日由原国家教育委员会令第 25 号发布的《幼儿园工作规程》同时废止。

参考文献

[1] 教育部.教育部关于印发《幼儿园教育指导纲要(试行)》的通知[EB/OL].
http://www.moe.gov.cn/srcsite/A26/s3327/200107/t20010702_81984.html
[2] 教育部.幼儿园工作规程[EB/OL].
http://www. moe. gov. cn/srcsite/A02/s5911/moe _ 621/201602/t20160229 _ 231184.html
[3] 教育部.教育部关于印发《幼儿园教师专业标准(试行)》的通知[EB/OL].
http://www.moe.gov.cn/srcsite/A10/s6991/201209/t20120913_145603.html
[4] 霍力岩.学前教育评价[M].北京:北京师范大学出版社,2000.
[5] 王长倩,王华军.幼儿园保育实习工作手册[M].南京:江苏教育出版社,2013.

责任编辑 丁 群
钱梦菊
责任校对 徐凯萍
装帧设计 朱 兰

ISBN 978-7-305-19270-8
9 787305 192708 >
定价:12.00元

新时期大学数学信息化精品教材丛书

微 积 分

（第二版）

张军好　龙爱芳　李学锋　主编

科学出版社